AF371150

RÈGLEMENT

Concernant les Amphithéâtres des Hôpitaux militaires de Strasbourg, Metz, Lille, Brest & Toulon.

Du 2 Mai 1781.

DE PAR LE ROI.

L E R O I jugeant à propos de rétablir, dans les Hôpitaux de Strasbourg, Metz & Lille, les Amphithéâtres destinés à l'instruction des Officiers de santé employés au service de ses Troupes : Et son intention étant d'en établir, de même, à Brest, ainsi qu'à Toulon, SA MAJESTÉ s'est déterminée à faire connoître les vues qu'Elle s'est proposées à cet égard, en ordonnant ce qui suit :

ARTICLE PREMIER.

IL sera fait chaque année, dans les Amphithéâtres de Strasbourg, Metz, Lille, Brest & Toulon, des Cours de Médecine théorique & pratique, de Chirurgie, Anatomie, Pharmacie, Chimie & Botanique, pour les Médecins,

A

Chirurgiens & Apothicaires appointés & furnuméraires, qui feront admis à les fuivre.

2.

Emplacement.

CET établiffement dans lefdits Hôpitaux, exigeant des emplacemens convenables pour y faire les leçons, les démonftrations & les difledions; ces emplacemens feront défignés dans chaque hôpital par l'Intendant de la Généralité, qui fera dreffer le devis de la dépenfe, s'il y a lieu, & l'adreffera au Secrétaire d'État ayant le département de la Guerre, pour être autorifé à en ordonner le payement.

3.

Cours de Médecine théorique.

LE Cours de Médecine théorique fera fait par le Médecin en fecond, attaché à chacun des Hôpitaux; lequel jouira des appointemens qui lui font attribués, à ce titre, par l'Ordonnance de ce jour, concernant les Hôpitaux militaires.

Ce Cours de Médecine aura pour objet les principales maladies qui règnent parmi les Troupes, & fera dirigé par les inftructions du Médecin - infpecteur ; defquelles inftructions il fera donné connoiffance à l'Intendant de la Province , au Commiffaire - ordonnateur , ainfi qu'au Commiffaire des guerres ayant la police defdits Hôpitaux.

4.

Cours de Médecine pratique.

LE Cours de Médecine pratique fera dirigé par le premier Médecin de l'hôpital ; à cet effet il fera deftiné, dans chacun des Hôpitaux où font établis les Amphithéâtres, une falle particulière, garnie de fix à huit lits feulement, dans laquelle feront placés fucceffivement un pareil nombre de malades attaqués des mêmes maladies: ces malades feront traités par le premier Médecin de l'hôpital, qui fera fuivre affidûment ce traitement par les Médecins furnuméraires qui l'accompagneront dans chacune des vifites qu'il fera dans ladite falle ; à la fuite de chaque vifite le premier Médecin aura , avec les

Médecins furnuméraires qui y auront affifté, des conférences fur les fymptômes des maladies, fur le genre de traitement qu'elles lui paroîtront exiger, fur les effets des remèdes employés; enfin fur tout ce qui pourra, à cet égard, fervir à l'inftruction des Médecins furnuméraires.

Il fera attaché, à cette falle particulière, un Élève-chirurgien, un Élève-apothicaire & un Infirmier, dont les fonctions fe borneront à foigner les malades qui feront placés dans ladite falle; les Médecins furnuméraires feront libres d'y entrer, lorfqu'ils le jugeront à propos, pour y obferver l'état des malades; mais ils ne pourront rien prefcrire à moins de cas très-urgens pour lefquels ils feront avertir, fur le champ, le premier Médecin auquel ils rendront compte de leurs remarques, & de ce qu'ils auront cru devoir ordonner provifionnellement.

Toutes les efpèces de maladies feront fucceffivement traitées dans ladite falle, de manière que les Médecins furnuméraires puiffent les fuivre toutes, les unes après les autres, & acquérir, fur chacune d'elles, les connoiffances les plus propres à en rendre le traitement efficace.

Le premier Médecin de l'hôpital rendra compte de ce Cours pratique au premier Médecin-infpecteur.

5.

LES Cours de Chirurgie & d'Anatomie, feront faits par le Chirurgien-major-démonftrateur attaché à chacun defdits Hôpitaux, lequel jouira des appointemens qui lui font attribués, à ce titre, dans l'Ordonnance de ce jour, concernant les Hôpitaux militaires.

Cours de Chirurgie & d'Anatomie.

Ce Cours fera dirigé par les inftructions des Médecin & Chirurgien-Infpecteurs; defquelles inftructions il fera donné connoiffance à l'Intendant de la Province, au Commiffaire-ordonnateur, ainfi qu'au Commiffaire des guerres ayant la police des Hôpitaux.

6.

LES Cours de Pharmacie, Chimie & Botanique feront

faits, chaque année, par l'Apothicaire-major-démonstra-teur attaché à chacun desdits Hôpitaux; lequel jouira des appointemens qui lui font attribués, à ce titre, par l'Ordonnance de ce jour, concernant les Hôpitaux militaires.

Ce Cours fera dirigé par les inftructions du Médecin-infpecteur, & de l'Apothicaire - major - vérificateur; defquelles inftructions il fera donné connoiffance à l'Intendant de la Province, au Commiffaire - ordonnateur, ainfi qu'au Commiffaire des guerres, ayant la police defdits Hôpitaux.

7.

LES menues dépenfes que néceffiteront les Cours d'Anatomie & de Pharmacie, feront conftatées par les Commiffaires des guerres, ils en remettront des états certifiés au Commiffaire-ordonnateur, pour être par lui vifés & adreffés à l'Intendant de la Province, lequel après en avoir rendu compte au Secrétaire d'État de la Guerre, en ordonnera le payement.

8.

INDÉPENDAMMENT des Médecins employés avec appointemens dans les Amphithéâtres, Sa Majefté admet dans ceux de Lille, de Metz & de Strafbourg, quatre Médecins furnuméraires, & trois feulement dans les Amphithéâtres de Breft & de Toulon; lefquels Médecins furnuméraires, fans appointemens, porteront l'uniforme des Médecins ordinaires, en fupprimant les deux boutonnières du collet noir.

9.

CES Médecins furnuméraires, feront obligés d'affifter aux Cours de Médecine & de Pharmacie, qui fe feront dans lefdits Hôpitaux; & quand leurs occupations le leur permettront, aux Cours de Chirurgie.

Ils feront en même temps affujettis à fuivre le Cours pratique, tel qu'il fera réglé par le premier Médecin qui en eft chargé.

Ils devront rendre compte des obſervations qu'ils feront durant ce Cours-pratique, au Médecin-inſpecteur, qui d'après les talens qu'ils auront montrés, & les témoignages d'aſſiduité qui leur feront donnés par les Commiſſaires des guerres, chargés de la police des Hôpitaux, les déſignera plus particulièrement au Secrétaire d'État de la Guerre, afin de les faire nommer aux places vacantes.

Ils feront ſubordonnés aux Intendans du département, à la police des Commiſſaires des guerres, aux Officiers de ſanté en chef, titulaires deſdits Hôpitaux, ainſi qu'aux Inſpecteurs, lorſqu'on jugera à propos d'en employer.

Se conformeront au ſurplus, les Médecins ſurnuméraires pour leurs autres occupations, à ce qui leur fera preſcrit par le Médecin-inſpecteur, relativement aux Cours Chimiques & autres qu'il leur indiqueroit.

I O.

INDÉPENDAMMENT des Chirurgiens employés avec appointemens dans chacun de ces Hôpitaux, feront admis huit Élèves-chirurgiens ſurnuméraires, qui feront tenus de faire le ſervice, ſans appointemens ni nourriture au compte du Roi, juſqu'à ce que les circonſtances permettent d'employer ceux qui l'auront mérité.

Nombre des Chirurgiens ſurnuméraires.

Les Élèves-chirurgiens ſurnuméraires, auront le même uniforme que les Élèves appointés, excepté que le collet noir ſera droit.

I I.

SERONT admis comme Élèves ſurnuméraires en Chirurgie dans les Amphithéâtres, les Étudians des écoles de Paris, ainſi que des autres Villes du royaume, qui prouveront par des certificats authentiques, avoir acquis des connoiſſances ſuffiſantes, ſoit par un apprentiſſage de trois années chez un Maître en Chirurgie, ſoit par les atteſtations des Cours qu'ils auront faits.

Forme d'admiſſion des Élèves Chirurgiens ſurnuméraires.

En conféquence, ceux qui ſe préſenteront à Paris, feront examinés par les Médecin & Chirurgien-inſpecteurs;

A iij

qui en rendront compte au Secrétaire d'État de la guerre, & les autres, par les Médecins & Chirurgiens-majors, titulaires des Amphithéâtres, qui devront en rendre compte à l'Intendant de la Province, ainſi qu'au Commiſſaire des guerres ayant la police de l'hôpital, où ils ne feront reçus qu'autant qu'ils auront obtenu l'agrément de ce dernier.

Ceux qui, ayant fervi dans un Régiment, fous le Chirurgien-major dudit Régiment, y auront été employés en qualité de Chirurgiens, feront admis dans les Amphithéâtres, fur la demande des Meſtres-de-camp & les certificats du Chirurgien-major dudit Régiment.

Les fils des Médecins & Chirurgiens-majors des Hôpitaux militaires du royaume, feront admis comme Étudians, à fuivre les Cours des Amphithéâtres, ainſi que les Chirurgiens de la Ville, auxquels les Intendans des Provinces permettroient d'y aſſiſter, fur la préſentation du Démonſtrateur, qui ne pourra en admettre aucuns que de leur agrément; ce dont il devra prévenir le Commiſſaire des guerres ayant la police de l'Hôpital.

Ces Étudians dont le nombre ne dépaſſera point celui des furnuméraires, ne feront point compris dans le nombre des furnuméraires, n'en porteront point l'uniforme, ni ne pourront prétendre aux prix, récompenſes & places à eux deſtinés.

Mais ſi lefdits Étudians, lorſqu'il y aura une place vacante d'Élève furnuméraire, deſiroient d'être reçus, à ce titre, le temps pendant lequel ils auront fuivi les Amphithéâtres, leur fera compté comme celui qu'ils auroient paſſé dans d'autres Ecoles.

I 2.

Nombre
des
Élèves Apothicaires
furnuméraires.

INDÉPENDAMMENT des Apothicaires employés avec appointemens, dans chacun de ces Hôpitaux, il fera admis ſix Apothicaires furnuméraires, ſans appointemens ni nourriture au compte du Roi; il fera permis à des

Apothicaires de la Ville, d'affifter aux Cours qui les concernent, de la même manière qu'il a été réglé pour les Chirurgiens.

I 3.

Aucun Élève-apothicaire ne pourra être admis que conformément aux règles établies pour l'admiffion des Élèves-chirurgiens, & qu'après avoir été examiné, foit par le Médecin-infpecteur & l'Apothicaire-major vérificateur réfidens à Paris, foit par les Médecin & Apothicaire-major titulaires des Hôpitaux, où font établis les Amphithéâtres, auxquels il aura montré des lettres d'apprentiffage, au moins de trois années, chez un Maître Apothicaire.

Forme d'admiffion des Élèves-apothicaires furnuméraires.

I 4.

Tous les Chirurgiens furnuméraires feront aftreints d'affifter régulièrement aux leçons, & aux démonftrations qui fe feront pendant l'hiver & l'été, de même que les Médecins furnuméraires, les Chirurgiens & Apothicaires appointés.

Obligations des Chirurgiens furnuméraires.

Les premier Médecin & Chirurgien-major titulaires, affifteront, autant qu'il fera poffible, aux leçons, afin de s'affurer de la nature des inftructions, & de l'affiduité des Médecins, Chirurgiens & Apothicaires.

Le Chirurgien-démonftrateur fera tenu de rendre compte aux premier Médecin & Chirurgien-major titulaires defdits Amphithéâtres, de ceux qui manqueroient aux leçons, ou de ceux qui n'y feroient point attentifs, & lefdits Officiers de fanté devront en prévenir les Commiffaires des guerres ayant la police defdits Hôpitaux; lefquels en feront leur rapport au Commiffaire-ordonnateur, qui pourra en prononcer le renvoi en cas de récidive, en en rendant compte à l'Intendant de la Province.

Il fera fait tous les famedis, par les Démonftrateurs, un examen particulier fur les matières traitées pendant

A iv

chaque femaine : cet examen fera répété à la fin de chacune des parties de l'Anatomie ou des autres Cours, en préfence des premier Médecin & Chirurgien-major titulaires.

Les occupations journalières & annuelles des Chirurgiens furnuméraires, feront prefcrites par le Chirurgien-démonftrateur, d'après les inftructions qu'il recevra des Médecin & Chirurgien-infpecteurs, auxquelles il devra fe conformer.

1 5.

Obligations des Éleves Apothicaires furnuméraires.

LES Apothicaires furnuméraires, affifteront régulièrement aux Cours de Chimie & de Pharmacie, que fera l'Apothicaire-major pendant l'été, ainfi qu'à celui de Botanique; & leurs Études feront de même déterminées par le Médecin-infpecteur, d'après les inftructions qu'il eft tenu d'adreffer, pour cet effet, au premier Médecin titulaire, qui les remettra à l'Apothicaire-major-démonftrateur.

1 6.

Obligation des Médecins, Chirurgiens furnuméraires & appointés, d'affifter au Cours des Plantes ufuelles.

NE pourront fe difpenfer, les Médecins furnuméraires, Chirurgiens & Apothicaires, de fuivre le cours des plantes ufuelles; & feront auffi tenus les Chirurgiens appointés qui ne feront pas de fervice, d'affifter à la préparation des remèdes dans la Pharmacie, & à leur diftribution dans les falles lorfque cela leur fera ordonné.

1 7.

Examen du 1.er Mai.

POUR s'affurer des progrès des Médecins, Éleves, Chirurgiens & Apothicaires furnuméraires, il fera fait un examen général, dans le cours du mois de Mai.

Le Commiffaire des guerres, chargé de la police de l'Hôpital, indiquera le jour de l'affemblée, dont il préviendra le Commiffaire-ordonnateur, & la convoquera à la réquifition des Médecin & Chirurgien-major en chef, & Démonftrateurs, qui feront cet examen en préfence du Commiffaire des guerres.

Chaque Médecin furnuméraire, fera d'abord examiné féparément.

Après les Médecins furnuméraires, feront examinés féparément auffi, les Élèves-chirurgiens.

Les féances de l'examen fe termineront par celui des Apothicaires-élèves.

A la fuite de chaque examen particulier, le premier Médecin recueillera les voix & infcrira fur une feuille, la matière de l'examen, les degrés de la capacité, la conduite & les mœurs de chaque Surnuméraire, avec la date de fa réception.

Cette feuille fera fignée par tous les Examinateurs, à la fin de l'examen général.

Le premier Médecin titulaire, fera tenu d'en remettre une copie au Commiffaire des guerres, par qui il en fera adreffé une expédition vifée de lui, au Commiffaire-ordonnateur, qui en fera paffer un double à l'Intendant de la Province, & un autre au Secrétaire d'État de la Guerre; & d'après le réfultat de cet examen, l'ordre dans lequel tous les Surnuméraires devront être nommés aux places qui viendront à vaquer, fera déterminé: En conféquence, ledit Médecin portera ce réfultat fur un regiftre deftiné à cet ufage, qu'il confervera pour être repréfenté au Commiffaire des guerres de chacun defdits Hôpitaux.

18.

A l'Affemblée du 1.er du mois de Juin fuivant, qui fe tiendra en préfence de l'Intendant, s'il peut s'y trouver, du Commiffaire - ordonnateur & du Commiffaire des guerres, chargé de la police de l'Hôpital, les premier Médecin, Chirurgien-major & Apothicaire-major titulaires, conjointement avec les autres Examinateurs, tous les Chirurgiens & Apothicaires affemblés, nommeront les deux Élèves - chirurgiens furnuméraires & l'Apothicaire furnuméraire, qui fe feront le plus diftingués dans l'examen précédent, pour leur décerner à chacun, un Prix confiftant en une fomme de Cent cinquante livres: le Commiffaire

Examen du 1.er Juin; diftribution des Prix.

des guerres en fera mention dans le procès-verbal de ladite Affemblée, qu'il adreffera au Secrétaire d'État de la guerre, & à l'Intendant du département.

19.

Deftination des Médecins, Chirurgiens & Apothicaires.

L'ÉTABLISSEMENT des Amphithéâtres ayant pour objet de former des dépôts de Médecins, Chirurgiens & Apothicaires, inftruits & exercés à l'ordre établi dans les Hôpitaux militaires & des armées; l'intention de Sa Majefté eft, que toutes les places vacantes de Médecins titulaires, d'Élèves-chirurgiens & Apothicaires appointés dans les Hôpitaux militaires du département, dans ceux des Provinces qui y font adjointes, foient accordées à ceux des Médecins, Chirurgiens & Apothicaires furnuméraires, admis dans les Amphithéâtres, lefquels ayant paffé trois années à s'inftruire, feront défignés pour les premières places vacantes, d'après l'examen de l'affemblée du 1.er Mai.

20.

Deftination particulière des Médecins furnuméraires.

INDÉPENDAMMENT des places de Médecins titulaires, deftinées aux Médecins furnuméraires, il a de plus été établi par l'Ordonnance de ce jour, concernant les Hôpitaux militaires, cinq places de Médecins furnuméraires appointés, pour ceux qui mériteroient d'être mis en activité, & qui, en raifon de ce qu'ils les auront exercées, obtiendront de préférence, les places de Médecins titulaires qui viendront à vaquer dans les Hôpitaux militaires.

A mefure que les Médecins furnuméraires, fortiront des Amphithéâtres pour être employés comme *Médecins furnuméraires appointés,* & ces derniers pour remplir les places de titulaires qui viendront à vaquer, il fera admis dans les Amphithéâtres, de nouveaux Médecins furnuméraires jufqu'à concurrence du nombre fixé par l'article 8.

21.

Deftination particulière des Élèves-chirurgiens

PARMI les Élèves furnuméraires des Amphithéâtres, feront choifis les Élèves-appointés de tous les Hôpitaux militaires de l'arrondiffement, & employés conformément à l'Ordonnance de ce jour, concernant les Hôpitaux *& Apothicaires furnuméraires.* militaires.

Parmi les Élèves-appointés de tous les Hôpitaux de l'arrondiffement, feront choifis dans chaque Hôpital, conformément à l'Ordonnance de ce jour, concernant les Hôpitaux militaires, les Chirurgiens-fous-aides-majors, & parmi les Sous-aides-majors, les Aides-majors; & ce, fur les rapports détaillés qu'en remettront, tous les fix mois, lefdits Médecins & Chirugiens-majors en chef, aux Commiffaires des guerres, qui, après les avoir vifés, les adrefferont au Secrétaire d'État de la Guerre, pour être envoyés aux Médecin & Chirurgien - infpecteurs qui tiendront un regiftre exact des fufdits rapports.

2 2.

LES Aides-majors-chirurgiens qui afpireroient à une place de Chirurgien-major de régiment, pourront y être *Choix des Chirurgiens-majors des régimens.* nommés, fans qu'il leur foit néceffaire de fubir un examen, lorfqu'ils auront fervi, en cette qualité, dans les Hôpitaux militaires pendant trois années au moins ; & c'eft parmi ces Aides-majors que les Meftres-de-camp pourront choifir les Chirurgiens-majors qu'ils defireront attacher aux régimens qu'ils commandent.

Mais, quoique ces places doivent être données de préférence aux Aides-majors, cependant l'intention de Sa Majefté n'étant pas de rendre ce droit exclufif, les Sujets diftingués, autres que ceux qui auroient fuivi les Amphithéâtres, & qui feroient propofés par les Meftres-de-camp, feront examinés par les Médecin & Chirurgien-infpecteurs réfidens à Paris, qui adrefferont au Secrétaire d'État de la Guerre, le certificat motivé de l'examen qu'ils en auront fait, d'après lequel le Secrétaire d'État de la Guerre prononcera.

En cas d'un trop grand éloignement de la Capitale, il fera accordé, fur la demande qui en fera faite au Secrétaire d'État de la guerre, par les Meftres-de-camp, auxdits Sujets propofés, des permiffions de fe préfenter, foit par-devant un Médecin & Chirurgien-major-confultant des camps & armées, par-tout où ils fe trouveroient, foit par-devant les Officiers de fanté en chef de l'un des Amphithéâtres établis, pour être par eux examinés en préfence d'un Commiffaire des guerres, lequel fera tenu d'adreffer fur le champ, au Secrétaire d'État de la guerre, le certificat motivé dudit examen, fait par lefdits Médecins & Chirurgiens-confultans, ou par les Officiers de fanté dudit Amphithéâtre, après avoir vifé ledit certificat.

Les places de Chirurgiens-majors des Hôpitaux feront données de préférence aux Chirurgiens-majors des régimens qui pourroient y prétendre, après vingt années de fervice, foit dans lefdites places de Chirurgiens-majors, foit précédemment dans les Hôpitaux militaires.

<h2 style="text-align:center">2 3.</h2>

Forme des certificats qui feront donnés aux Médecins furnuméraires, non employés.

LES Médecins furnuméraires qui n'auront pu parvenir, après fix années, aux places qui leur font deftinées, devront chercher à s'établir dans une des villes ou bourgs du royaume: à leur retraite il leur fera donné un certificat par le premier Médecin de l'Hôpital, dans lequel il fera fait mention du temps qu'ils auront refté dans lefdits Amphithéâtres, de la manière dont ils s'y feront conduits, & des talens qu'ils auront montrés: ce témoignage fera certifié véritable par le Commiffaire des guerres chargé de la police de l'Hôpital, & enfuite préfenté à l'Intendant de la Province, pour être revêtu de fon *vifa*, ainfi que de la permiffion de prendre le titre de *Médecin-militaire.* Au moyen dudit certificat, ils pourront fe mettre fur les rangs pour être employés, lorfqu'il y aura lieu, dans les armées ou dans les Hôpitaux militaires du royaume, lorfqu'il y aura des places vacantes.

<h2 style="text-align:center">2 4.</h2>

Forme des certificats qui feront donnés aux Chirurgiens & Apothicaires, non employés.

LES Élèves-chirurgiens & Apothicaires furnuméraires, qui n'auront pu parvenir aux places qui leur font deftinées, ne pourront fervir comme Elèves furnuméraires que pendant fix années, après lequel temps ils chercheront à fe pourvoir ailleurs, dans les villes & bourgs du royaume.

A leur retraite, ils feront pourvus d'un certificat figné des Médecins, des Chirurgiens-majors & des Démonſtrateurs, & viſé par le Commiſſaire des guerres chargé de la police de l'Hôpital.

En vertu de ce certificat, ils pourront prendre le titre de *Chirurgien & d'Apothicaire-militaire.*

Sur la préſentation de ce certificat, ils feront placés, de préférence, dans les Hôpitaux de paix & de guerre, en reparoiſſant toutefois au concours.

2 5.

L'AMPHITHÉÂTRE établi à Lille, fournira les Élèves-chirurgiens & Apothicaires des Hôpitaux militaires de la Flandre, du Haynault & de la Picardie.

Provinces reſſortiſſantes à chaque Amphithéâtre.

L'Amphithéâtre établi à Metz, fournira les Élèves-chirurgiens & Apothicaires des Hôpitaux militaires des Trois-évêchés, de la Lorraine & de la Champagne.

Celui de Straſbourg, fournira également les Médecins, ainſi que les Élèves-chirurgiens & les Apothicaires dans les Hôpitaux d'Alſace & de la Franche-comté, & ce relativement aux diſpoſitions des articles précédens.

Celui de Breſt fournira les Élèves & Apothicaires dans les Hôpitaux de la Bretagne, de l'Aunis & de la Guyenne.

Celui de Toulon fournira les Élèves-chirurgiens & Apothicaires dans les Hôpitaux de la Provence, du Rouſſillon, du Languedoc, du Dauphiné & dans ceux de l'île de Corſe.

26.

LES premier Médecin & Chirurgien-major titulaires des Hôpitaux où ſont établis les amphithéâtres, feront tenus de ſuppléer les Démonſtrateurs en cas d'abſence, de maladie, ou lorſqu'il ſera jugé néceſſaire.

Remplacement des Démonſtrateurs.

2 7.

LES premier Médecin & Chirurgien-major de chaque Amphithéâtre devant aider, ſeconder & ſuppléer, au beſoin, les Démonſtrateurs, feront diſpenſés en conſéquence de faire les Cours auxquels font tenus, conformément à l'Ordonnance de ce jour, les Officiers de fanté en chef des principaux Hôpitaux militaires, où ces Cours continueront à être faits exactement pour les Élèves appointés, Aides-majors & Sous-aides-majors qui y feront attachés, conformément au titre VII de ladite Ordonnance de ce jour.

28.

Préparations publiques des remèdes.

LES compofitions galéniques & chimiques exigeant toute la capacité d'un Artifte expérimenté, fur la fidélité & l'exactitude duquel on puiffe compter, l'intention de Sa Majefté eft que toutes ces préparations fe faffent par l'Apothicaire - major - démonftrateur, en préfence des Médecins, Chirurgiens-majors, des Élèves-chirurgiens & Apothicaires des Hôpitaux militaires des villes où font établis les Amphithéâtres ; & que ces mêmes préparations foient diftribuées dans les différens Hôpitaux du département, conformément à ce qui eft prefcrit dans l'Ordonnance de ce jour, concernant les Hôpitaux militaires. Défend Sa Majefté aux Directeurs & Apothicaires d'employer d'autres compofitions dans lefdits Hôpitaux : enjoint aux Officiers de fanté d'y tenir fcrupuleufement la main.

29.

Obligations des Médecins, Chirurgiens - majors & Apothicaires-majors des Amphithéâtres envers les Infpecteurs.

LES Médecins, Chirurgiens-majors & les Apothicaires-majors employés dans ces Hôpitaux, rendront compte au premier Médecin-infpecteur des Hôpitaux militaires, tous les trois mois, relativement à la partie dont ils font chargés, de l'état des Amphithéâtres, des changemens & améliorations dont leur régime feroit fufceptible, & lui enverront l'extrait du regiftre qu'ils feront obligés de tenir, où feront infcrits les noms de chaque Médecin furnuméraire, Élève en Chirurgie & Apothicaire, les notes qui devront être faites fur chacun d'eux, d'après les examens & les concours, enfin la date de leur entrée & fortie de l'Hôpital.

Le Médecin-infpecteur fera feul chargé de la correfpondance, mais il devra fe concerter avec le Chirurgieninſpecteur pour les parties qui le requerront ; de manière que le ſervice ſoit conduit par les mêmes vues qui doivent réunir les deux Inſpecteurs auxquels il eſt confié.

30.

PERMET Sa Majeſté aux Adminiſtrateurs des Hôpitaux de Charité, de demander dans leſdits Amphithéâtres, les Élèves-chirurgiens & Apothicaires dont ils auront beſoin pour le ſervice de leur Hôpital ; & les Intendans des Provinces auxquels ils s'adreſſeront à cet effet, pourront ſur la préſentation des Commiſſaires des guerres, chargés de la police des Hôpitaux, les leur accorder dans le nombre de ceux déſignés pour remplir les premières places vacantes, & en leur faiſant aſſurer le même traite-ment dont ils jouiroient dans un Hôpital militaire ; leſdits Intendans en rendront compte au Secrétaire d'État de la guerre.

31.

LES Médecins, Chirurgiens & Apothicaires ſurnu-méraires, feront, autant qu'il ſera poſſible, logés dans les Hôpitaux militaires, ou par les Villes où les amphi-théâtres ſont établis.

MANDE & ordonne Sa Majeſté aux Commandans & Intendans des Provinces, aux Intendans des Armées, aux Commiſſaires des guerres, aux Officiers de ſes Troupes, & à tous autres qu'il appartiendra, de tenir la main à l'exécution du préſent Règlement qui aura lieu à com-mencer au 1.er Juillet prochain.

FAIT à Marly le deux mai mil ſept cent quatre-vingt-un. *Signé* LOUIS. *Et plus bas,* SÉGUR.

À Versailles le 22. May 1781.

Le Roy ayant jugé à propos, Monsieur, de créer une troisième place de Souslieutenant en pied et sans appointements, dans la première et dans la seconde Compagnie de chacun de ses Régiments ; j'ay l'honneur de Vous adresser l'Ordre, que Sa Majesté a fait Expédier, et qu'elle m'a chargé de Vous Envoyer.

J'ay celuy d'être très parfaitement, Monsieur, Votre très humble et très Obéissant serviteur, Signé Ségur /.

P. S. Je vous préviens, Monsieur, que Sa Majesté n'agréera pour toutes les Sous Lieutenances qui viendront à Vaquer dans le Régiment que Vous Commandez, que les Sujets qui pourront faire les mêmes preuves de Noblesse, que Ceux Susceptibles d'Être admis à Son Ecole Royale Militaire et Suivle certifficats qu'en donnera le S.ᵉʳ Cherin

Et les fils de Chevaliers de S.ᵗ Louis /.

Du 22. May 1781.

De Par Le Roy.

Sa Majesté voulant bien ouvrir un nouveau debouché à la Noblesse, qui puisse lui faciliter les moyens d'entrer à son service, a jugé à propos de créer dans chacune des deux premieres Compagnies de tous les Régiments d'Infanterie françoise, Cavalerie, Chevaux légers, Dragons, et Chasseurs à cheval, une troisieme place de Sous Lieutenant en pied sous appointements, auquel il sera seulement fourni le logement en route, et en garnison. Elle enjoint en conséquence au S.r Charles Philippes Simon, Baron de Montboissier, Mestre-de-camp-Commandant du Régiment d'Orleans Dragons, de pourvoir dés à présent, à ces places de troisieme Sous-Lieutenant, dans la forme, et ainsy qu'il suit.

À celle de la premiere Compagnie, le plus ancien Souslieutenant Surnuméraire, pris dans le nombre de ceux attachés à ce Régiment.

Et à celle de la seconde Compagnie un Sujet qui ne sera encore pourvû d'aucun Employ ;

à près que les uns et les autres auront fait les mêmes preuves que les Eleves de l'Ecole Militaire, devant le S.r Chérin, l'intention de Sa Majesté étant que le Certificat de ce Généalogiste, aussi que l'Extrait baptistaire constatant que le Sujet aura au moins quinze ans Révolus, soient joints au mémoire de proposition du dit S.r Baron de Montboissier.

Permet Sa Majesté que les fils de Chevaliers de S.t Louis luy soient proposés sur un simple Certificat authentique que leurs peres ont été décorés de la Croix de S.t Louis. S'ils sont Gentilshommes, Ledit Certificat en fera mention, et il sera, ainsy que l'Extrait Baptistaire, joint au mémoire de proposition dudit S.r Baron de Montboissier.

Veut au surplus Sa Majesté que ces troisiemes Sous-Lieutenants ne puissent passer à des Souslieutenances en pied avec appointemens ; qu'ils prennent rang parmi les autres Sous-Lieutenants du Régiment d'Orleans Dragons du jour de la date

de leurs Lettres de Sous Lieutenans; qu'ils roulent avec eux
pour tous les genres de service, et qu'ils y avancent, Comme eux,
pour parvenir à des places de Lieutenans en Second, premier
Lieutenant, et Capitaine; qu'ils soient tenus de servir tous les ans
dans les Compagnies ou ils seront Souslieutenans, depuis le pr.
May Jusqu'au premier Octobre, sans pouvoir s'absenter qu'en
Vertu d'un Congé de Sa Majesté, qu'elle ne leur accordera, que
sous la Condition de remplacer, par un service Subsequent, le tems
de leur absence.

Lorsque Ces Emplois Viendront à Vaquer par quelque Cause
que ce soit, le même ordre Continuera à être observé, C'est à dire
qu'la troisieme Souslieutenance de la premiere Compagnie sera
Toujours donnée aux Souslieutenant, attaché audit Régiment
D'Orleans Dragons, Comme aussi Celle de la second Compagnie
à un Nouveau Sujet, et lors de l'extinction totale des Sous-
Lieutenans attachés jusqu'à ce jour à ce Régiment; ces deux
places seront Egalement données à de Nouveaux Sujets qui
pourront faire les preuves qu'Exige Sa Majesté.

Veut aussy Sa Majesté que les Souslieutenans en pied
et avec appointemens qui viendront à Vaquer dans le Régiment
D'Orleans Dragons pendant les mois d'octobre, Novembre et
Decembre, Soient reservées pour les Pages de Sa Majesté;
de la famille Royale, et pour les Eleves de l'Ecole militaire,
sans que les pensionnaires externes de ladite Ecole, puissent
y prétendre, pouvant par l'Etat de leur fortune, être proposés
aux Emplois de Souslieutenans de Nouvelle Création.

Le Sr. Baron de Montboissier Continuera à proposer,
ainsi qu'il l'a fait jusqu'à présent, à tous les autres emplois
qui Viendront à Vaquer dans le dit Régiment D'Orleans Dragons,
et aux Souslieutenans avec appointemens, de préférence les
Cadets Gentilshommes, qui ne pourront Cependant prétendre
aux dites Troisiemes Sous Lieutenances uniquement destinées
aux Sous Lieutenans attachés audit Régiment et aux nouveaux
Sujets.

Sa Majesté, voulant éteindre les places de Cadets
Gentilshommes, Entend qu'il n'y soit plus nommé à l'avenir

et que Ceux qui Entreront dans le dit Régiment après
que tous les Cadets gentilhommes seront placés, Soient
proposés à des Sous Lieutenances en pied.

Mande et Ordonne Sa Majesté au Sr
Baron de Montboissier, Mestre de Camp Commandant et
à tous qu'il appartiendra, de tenir la main à l'Exécution du
présent ordres.

fait à Versailles, Le Vingt deux may 1781.

Signé Louis
et Plus Bas
Segur

www.ingramcontent.com/pod-product-compliance
Lightning Source LLC
LaVergne TN
LVHW011018180726
843502LV00007B/2612